To:

____

je t'aime

je t'aime

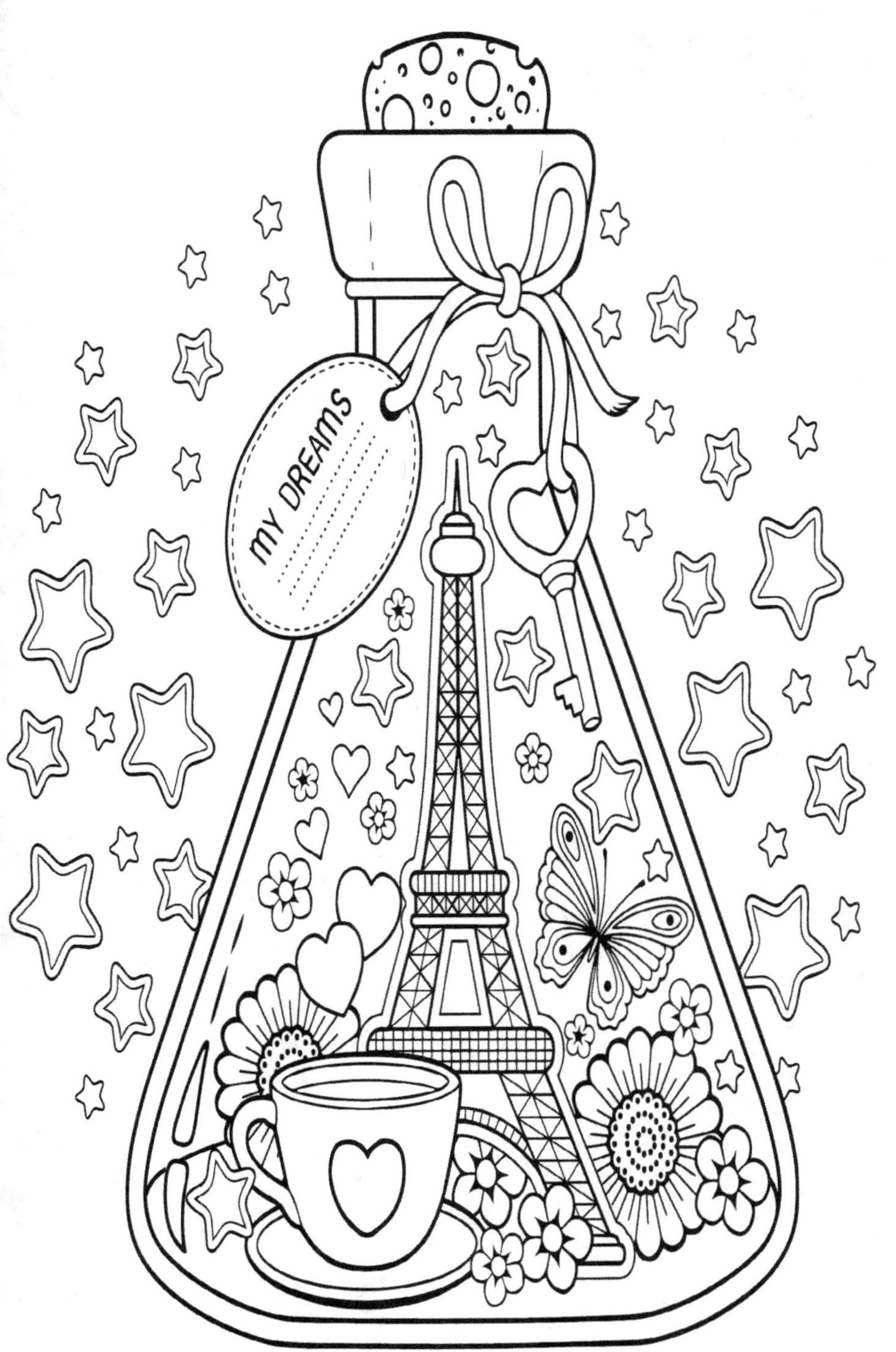
MY DREAMS

XOXO

Я люблю тебя

you are
my
sunshine

you are
my

Mon Amour

For you

you are
the
best

you are
loved

Ti amo

Be
Mine

I love
YOU
·to the·
moon
AND
back

Love

Ich liebe dich

Ich liebe dich

I
love you
more
than all
stars
in the sky

To My Wonderful
Son & Wife
Happy Valentine's
Day
Across the
miles!

AFGREKI
EU TE AMO
MILUJI TĚ
Aishiteru
T'estimo Je t'aime
Te dua VOLIM TE
Ľúbim t'a
Te ubesk
Kocham Cicbic I love you
Ti amo
S'agapo
Mi amas vin Bahibak
Ich liebe dich
M'bi fe

LOVE
We miss you!
Love,